LE MOT DE LA FIN

REVUE

Représentée pour la première fois, à Paris, sur le théâtre des VARIÉTÉS,
le 21 janvier 1869

Clichy. — Imp. P. Dupont, M. Loignon et Cie, rue du Bac-d'Asnières, 12.

LE MOT
DE LA FIN

PETITE REVUE

EN UN ACTE ET DEUX TABLEAUX

PAR

MM. CLAIRVILLE ET SIRAUDIN

AIRS NOUVEAUX

DE MM. HERVÉ, LINDHEIM, VILLEBICHOT ET DIACHE

PARIS

MICHEL LÉVY FRÈRES, ÉDITEURS

RUE VIVIENNE, 2 BIS, ET BOULEVARD DES ITALIENS, 15

A LA LIBRAIRIE NOUVELLE

1869

PERSONNAGES.

UN ARTISTE. / LECOQ....... / VIBERT.......	MM.	CHRISTIAN.
THÉODOROS........................		A. MICHEL.
CHILPÉRIC........................		A. GUYON.
DUBOCHET........................		C. BLONDELET.
UN SAVANT........................		DELTOMBE.
BEMBORIOT........................		BARON.
PAUL........................		A. LIONNET.
ANDRÉ........................		H. LIONNET.
FRÉDÉRIC........................		BOULANGÉ.
M. PÉNÉLOPE........................		GOBIN.
ROBERT........................		COOPER.
UN CONDUCTEUR D'OMNIBUS.......		GÉRAUD.
JEAN GUILLOU........................		BORDIER.
UN GARÇON DE THÉATRE..........		MILLAUX.
UN MARCHAND DE FIGURES........		OULIF.
VERDURETTE........................	Mmes	A. DUVAL.
UNE CHANTEUSE / FRÉDÉGONDE....		SILLY.
LA CARTE D'EUROPE................		GARAIT.
PREMIÈRE LUTTEUSE................		KID.
PÉNÉLOPE........................		G. OLIVIER.
PHRYNÉ................ / DEUXIÈME LUTTEUSE.		LEGRAND.
CHLOÉ / JULIE.		JULIAH.
1re MARCHANDE DE JOURNAUX......		GUÉRARD.
ROSE........................		NORDMANN.
HORTENSE........................		LATOUR.
BERTHE........................		MARTIN.
MARIE........................		GRAVIER.
ESTELLE........................		BÉNARD.
2e MARCHANDE DE JOURNAUX.......		FELICIA.
3e IDEM........................		MAGNE.
4e IDEM........................		BÉATRIX.

SIX FEMMES GARDES MOBILES.
FOULE DE PROMENEURS DES DEUX SEXES.

Au deuxième tableau:

EXERCICES SUR UN VÉLOCIPEDE

PAR LE JEUNE MICHAUX.

LE MOT
DE LA FIN

On frappe trois coups, l'ouverture se joue. Le rideau se lève à moitié. L'artiste entre vivement en scène.

L'ARTISTE.

Attendez, ne levez pas, j'ai quelque chose à dire. Voilà ce que c'est. Messieurs, peut-être vous êtes-vous demandé, ainsi que nous, à quoi servent les auteurs. Quand le public se rend au spectacle, il ne se dit jamais : Je vais aller voir tel ou tel auteur ; il dit : Je vais aller voir telle pièce, tel acteur ou telle actrice ; jamais il ne pense à l'auteur. Mais, me répondra-t-on, on va voir la pièce pour l'esprit que l'auteur y met ordinairement .. ordinairement... Enfin, oui, ça s'est vu, mais cela n'est pas toujours la raison, témoin une quantité de pièces très-bêtes qui journellement font courir tout Paris. D'ailleurs, de l'esprit, tout le monde en a, même les journalistes, à preuve la revue faite par les rédacteurs du *Figaro*, les figaristes, au théâtre des Menus-Plaisirs, théâtre qui arrive à se passer des auteurs, seulement il les remplace par des journalistes, ce qui est à peu près la même chose. Tandis que nous, nous supprimons les auteurs et nous ne les remplaçons pas. La revue que vous allez voir a été faite par les artistes de ce théâtre. Chacun de nous a fait sa scène lui-même, comme Molière, qui n'était pas plus maladroit qu'un autre... et la jouera lui-même, toujours comme Molière... je dirai même mieux que Molière...

car, comme comédien, il laissait à désirer. — J'aurais voulu le voir dans l'*OEil crevé*, — monsieur Molière ! Le plus original, c'est que nous avons tous travaillé séparément, sans nous communiquer le résultat de nos travaux, et que chacun de nous ne connaît de la pièce que la scène qu'il doit jouer. — Comme une revue ne se compose, ainsi que vous le savez, que de scènes épisodiques, quand elles ont toutes été faites, nous les avons mises dans une grande corbeille et nous avons tiré au sort l'ordre et la marche. — C'est pour vous dire que ce que vous allez voir ne ressemble à rien... à rien de ce que vous avez vu. Il ne me reste plus qu'à solliciter votre indulgence pour nous tous, acteurs et actrices, car ces dames ont travaillé aussi, jour et nuit... c'est le fruit de leurs veilles. Ah !... je vous recommande particulièrement la scène VI, c'est la mienne, je la crois réussie. Ce que j'ai fait de recherches à la Bibliothèque... ce que j'ai passé de temps à compulser le théâtre ancien, Sophocle, Euripide, Eschylze, Aristophane... C'est inouï ! Quant aux scènes de mes camarades, ça m'est égal, je les abandonne à toute votre sévérité. (Criant à la coulisse.) Numéro un. (Il tire un papier de sa poche et lit.) Les fauteuils à musique.

Il salue et sort. Le rideau se lève et le théâtre représente un salon modeste.

SCÈNE PREMIÈRE

FRÉDÉRIC, CHLOÉ, ensuite DUBOCHET.

CHLOÉ.

Non, monsieur, non, quoi que vous me disiez, je ne vous répondrai plus.

FRÉDÉRIC.

Mais c'est de la méchanceté, de l'inhumanité.

CHLOÉ.

Il est des choses qu'une femme ne doit pas dire.

DUBOCHET, qui vient d'entrer.

Des choses qu'une femme ne doit pas dire, non, madame... A l'avenir, grâce à mon invention, les dames diront tout ce qu'elles pensent.

CHLOÉ.

Ah! par exemple, si vous me prouvez cela.

DUBOCHET.

A l'instant même, si vous voulez.

CHLOÉ.

Voyons d'abord votre invention.

DUBOCHET.

Vous n'êtes pas sans avoir entendu parler des fauteuils à musique, qui ont eu tant de succès à l'Exposition du Havre.

CHLOÉ.

Oui, en effet, je crois me rappeler...

FRÉDÉRIC.

Moi aussi, il me semble que dans la salle aux goudrons...

DUBOCHET.

Précisément. — Eh bien, ce n'est pas cela ; ces fauteuils n'étaient qu'un jouet d'enfant, — moi, j'ai perfectionné la chose. — Il suffit de s'asseoir sur un de mes nouveaux siéges, pour lui communiquer tous les sentiments que l'on éprouve, et, à l'instant, le fauteuil sympathique les traduit en musique.

FRÉDÉRIC.

C'est charmant !

CHLOÉ, avec ironie.

Vous croyez cela, vous ?

DUBOCHET.

De l'incrédulité ! A moi, mes hommes ! (Ici deux hommes entrent du même côté, portant deux fauteuils.) Voilà deux fauteuils, qui ne sont pas préparés ; je place l'un ici, et l'autre là. — Monsieur va s'asseoir le premier, et le fauteuil parlera pour lui.

CHLOÉ.

C'est ce que nous allons voir.

DUBOCHET.

Non, entendre! — Veuillez vous asseoir, monsieur.

Frédéric s'assied, le fauteuil joue l'air: *Pour tant d'amour, ne soyez pas ingrate.*

DUBOCHET, répétant l'air.

Pour tant d'amour, ne soyez pas ingrate, c'est une déclaration.

FRÉDÉRIC.

C'est bien l'expression de ma pensée.

DUBOCHET, à Chloé.

Il faut y répondre. — A vous, madame.

CHLOÉ.

Voyons!

Elle s'assied. — Le fauteuil joue l'air: *Avez-vous des bijoux, des cachemires?*

DUBOCHET, répétant.

Avez-vous des bijoux, des cachemires? Ah! il faut répondre à cela. (A Frédéric.) Asseyez-vous bien vite. (Frédéric s'assied, le fauteuil joue l'air: *Bah, l'or est une chimère.*) Vous l'entendez, madame, l'or est une chimère. Qu'avez-vous à répondre? (Chloé se rassied, avec dépit, et le fauteuil joue l'air: *Tu n'auras pas ma rose.* A Frédéric répétant l'air.) Tu n'auras pas ma rose.

CHLOÉ, confuse.

Mais c'est affreux! Que signifie?

FRÉDÉRIC.

Ne le demandez pas, et, puisque ce fauteuil vous a fait parler, sachez que je suis riche, de bonne famille et que je vous offre mon nom et ma fortune.

CHLOÉ.

Un mariage?... du moment que c'est sérieux...

FRÉDÉRIC.

Me refuserez-vous encore?

CHLOÉ.

Oh! non, et ma surprise, l'émotion...

FRÉDÉRIC.

Chère Chloé, ce mariage, pour moi c'est le bonheur... et à l'avenir, je suis sûr d'être...

Chloé, qui depuis un instant chancelle, se laisse retomber dans le fauteuil qui joue l'air: *Cocu, cocu, mon père.*

DUBOCHET.

Ah ! sapristi ! (A part.) Ah ! bien, ma foi, tant pis !

FRÉDÉRIC.

Qu'entends-je ?

CHLOÉ, se relevant.

C'est indigne !... ces fauteuils ont une manière de vous faire parler.

ENSEMBLE.

Air : *Accourez tous, venez m'enten dre.* (LE PHILTRE.)

Avec semblable impertinence.
Traduire nos intentions !
Il faut se méfier en France
Des nouvelles inventions.

Frédéric et Chloé sortent, les hommes emportent les fauteuils.

DUBOCHET, resté seul, au public et d'un air malin.

Vous comprenez, messieurs, que deux fauteuils à musique étant donnés, il n'était guère possible d'en faire une scène littéraire.

L'ARTISTE qui a dit le premier monologue, rentrant et donnant la main à Dubochet.

Mes compliments, mon cher ami... très-bien !

DUBOCHET, modeste.

Oui, c'est gentil... c'est jeune... ce n'est peut-être pas à la hauteur des *Faux ménages*... mais...

L'ARTISTE.

Charmant ! (Dubochet sort. — Au public.) C'est affreux !... avec un mur blanc, un pinceau et du cirage, j'écrirais mieux que ça. (Tirant sa liste.) Passons au numéro 2. (Lisant.) La nouvelle carte de l'Europe. — Oh ! ceci est délicat... aussi, avons-nous jugé qu'un esprit féminin pourrait seul s'aventurer sur ce terrain glissant, et nous avons confié ce tour de force à Mlle Garait. (Criant.) A la carte d'Europe !

Il l'introduit et sort.

SCÈNE II

LA CARTE D'EUROPE, entrant.

Eh! mon Dieu! oui, messieurs, c'est moi la nouvelle carte d'Europe... une scène dangereuse... On me l'a donnée à écrire, mais, pas si bête, je n'en ai rien fait. Je ne l'avais acceptée que pour avoir un joli costume... je l'ai, vous le voyez, il est gentil, l'administration s'est mise en dépense, c'est tout ce que je demandais ; car pour écrire une scène sur la carte d'Europe, merci! qu'est-ce que j'aurais dit?... Qu'est-ce qu'un auteur aurait pu dire lui-même? Mon costume représentant cette carte, il aurait fait des calembours là-dessus. — Peut-être aurait-il dit que mon corsage représentait les hautes Alpes, et qu'il est par de là des frontières qu'on ne doit pas franchir? hein! comme c'est risqué!... Peut-être aurait-il eu l'audace de faire de la politique en désignant la ligne du Rhin? autre danger. Il se serait étendu sur l'Espagne et l'Italie, des pays chauds... question brûlante!... que de mauvais jeux de mots n'aurait-il pas manqué de faire sur l'Orient et l'Occident? Moi, messieurs, vous comprenez que je ne pouvais pas me permettre tout cela. Mes camarades sont là, dans la coulisse ; ils s'imaginent que je vous débite la prose et les couplets que je devais faire... pour mieux les tromper, applaudissez fort... mon costume seulement... et tout le monde sera content. Messieurs, la carte d'Europe a bien l'honneur...

Elle salue et sort.

L'ARTISTE, rentrant en scène.

Ah! bien, non!... ce n'est pas cela! ce n'est pas une scène!... ça manque de développements... il fallait creuser ça, — pour éclairer la question d'Europe. — Elle a escamoté la difficulté... c'est bien d'une femme!... Si j'avais été chargé de cela j'attaquais franchement la question... je relevais la Crète... je partais pour la Crète!... Après ça, pars pour la Crète... pars pour la Crète.. c'est bien loin... Mais enfin, passons au numéro 3... Ceci concerne les beaux-arts, c'est un souvenir de l'exposition de peinture de 1868. Pénélope et Phryné, tableau de M. Marchal. — Attention, messieurs les machinistes.

Il sort. Musique. Développement des tableaux.

SCÈNE III

Le fond se développe et l'on aperçoit deux femmes dans deux cadres. — Ces deux femmes sont la représentation de Pénélope et de Phryné, un des grands succès du salon de 1868.

PÉNÉLOPE, PHRYNÉ.

PÉNÉLOPE.

Tiens... où suis-je?

PHRYNÉ.

Dans quel bazar m'a-t-on conduite? — Ah! ma voisine, ça va bien!

PÉNÉLOPE, *sortant de son cadre.*

Madame, je n'ai pas l'honneur...

PHRYNÉ, *sortant de son cadre.*

Quoi? des manières?... Nous sommes restées à côté l'une de l'autre pendant trois mois, et vous faites celle qui ne me reconnaît pas.

PÉNÉLOPE.

Croyez, madame, que je ne vous avais pas aperçue... je suis restée tout le temps de l'exposition de peinture à faire de la tapisserie et à regarder une fleur qu'*il* m'avait donnée.

PHRYNÉ.

Qui ça, *Il?* Ah! oui, votre monsieur!

PÉNÉLOPE.

Mon mari, madame.

PHRYNÉ.

Votre mari, votre mari!... Voilà-t-il pas de quoi être fière... j'en ai peut-être eu plus que vous, des maris!

PÉNÉLOPE.

Vous avez été veuve?

PHRYNÉ, souriant.

Quelquefois.

PÉNÉLOPE.

Ah!... pauvre dame!...

PHRYNÉ.

Pardon... Mais je crois, chère voisine, que vous ne me comprenez pas. Ça se conçoit, occupée que vous étiez à faire de la tapisserie d'un œil et à contempler une fleur de l'autre (ce qui devait vous faire loucher). — Vous ne vous êtes pas aperçue de mes petites mines provoquantes et de mes agaceries...

PÉNÉLOPE.

Mais qui êtes-vous donc ?

PHRYNÉ.

Mademoiselle Phryné... pour vous servir... Le désespoir des parents, la ruine des amants... troubleuse de ménages... fournisseuse de canifs... pour les contrats de mariage... engloutisseuse de diamants... et de perles fines !

PÉNÉLOPE.

Ah! mon Dieu !

PHRYNÉ.

Sans compter que je ne roule qu'avec huit ressorts... je ne m'enveloppe que de soie, de dentelles et de cachemires des Indes... et qu'à l'occasion j'ai une chevelure ambrée, pour rappeler à celui qui m'aime la couleur de l'or, — dont j'ai toujours le plus grand besoin! Et vous!...

PÉNÉLOPE.

Moi, madame, je me nomme Pénélope ; je vis calme et retirée dans mon ménage, loin du tumulte et du fracas.

PHRYNÉ.

Ta, ra, ta, ta... des phrases, un tas de rengaines!... Que faites-vous là depuis trois mois ?

PÉNÉLOPE.

J'attends mon mari qui m'a quittée pour aller au cercle.

PHRYNÉ.

Moi, c'est différent, on quitte le cercle pour me faire visite.

PÉNÉLOPE.

Ah !...

Elle soupire.

PHRYNÉ.

Vous soupirez... d'où je vais conclure que vous aimeriez mieux...

PÉNÉLOPE.

J'aimerais mieux qu'il n'allât jamais au cercle, pour être toujours près de moi...

PHRYNÉ.

Il fallait tout faire pour le retenir.

PÉNÉLOPE.

Mais... j'ai essayé...

PHRYNÉ.

Comment?

PÉNÉLOPE.

C'était après le dîner ; je l'ai vu qui cherchait ses gants et son chapeau... Alors je me suis mise au piano... et je lui ai chanté la romance qu'il aimait tant... quand il me faisait la cour.

PHRYNÉ.

Quelle est cette romance ?

PÉNÉLOPE.

Une mélodie pleine de cœur et de poésie... jugez-en.

Chantant avec sentiment.

AIR.

Petite fleur des bois,
Toujours, toujours cachée,
Longtemps je t'ai cherchée
Dans les prés, dans les bois,
Pour te dire une fois
Ce mot, ce mot suprême :
Ah ! je t'aime (*Bis.*)
Petite fleur des bois !
Je t'aime (*Bis.*)
Petite fleur des bois !

PHRYNÉ.

Je t'aime !... je t'aime !... (Elle imite le chant de Pénélope et fait le jeu de l'orgue de Barbarie.) Ah ! ah !...

Elle rit.

PÉNÉLOPE.

Mais, madame...

PHRYNÉ.

Je vois la suite d'ici. Il n'a pas attendu le second couplet. Il a filé... sans rien dire !

PÉNÉLOPE.

Comment savez-vous ?...

PHRYNÉ.

Tous les maris sont des lâcheurs... Oh ! pardon...

PÉNÉLOPE.

Mais vous, madame, ou mademoiselle...

PHRYNÉ.

Madame n'est pas de trop.

PÉNÉLOPE.

Comment faites-vous donc... pour accaparer ainsi celui qui vous aime, pour le retenir sans cesse près de vous ? Quels charmes, quels moyens de séduction !

PHRYNÉ.

Oh ! c'est bien simple... d'abord, je ne lui chante pas de romances...

PÉNÉLOPE.

Ah ! vraiment ?

PHRYNÉ.

Voyez-vous, entre nous, c'est trop fadasse... Il faut à ces messieurs du mordant, du montant, du piment !... Tenez, voici mon morceau favori.

AIR NOUVEAU, *de M. Villebichot.*

I

Tu dis qu tu m'aimes, Sidore,
Et qu'ça t'fait maigrir,
Qu'si j'te disais que j't'adore,
Tu t'en f'rais mourir !

N'voulant pas, p'tit Nicodème,
Causer ton trépas,
Je n'te dirai pas que j't'aime...
Vu que je n't'aime pas !
Tiens, v'là ton bouquet, j'te l'fich' par la figure...
Z'ut pour la nature !
Moi je ne comprends
Que les fleurs en diamants !

II

C'que j'aim', c'est pas la campagne,
C'est le pouss'café !
C'que j'aime, c'est le champagne
Et l'perdreau truffé !
C'que j'aime, c'est la pomme
Qu'Ève se r'passa,
Et je sais que t'es un homme
A m'donner tout ça !
Tiens, v'là ton bouquet, j'te l'fich' par la figure...
Etc., etc.

PÉNÉLOPE.

Mais c'est affreux ! Et vous croyez que des chansons dans ce genre-là...

PHRYNÉ.

Des chansons, du bruit, du mouvement, de la gaieté, de la bonne humeur !... voilà ce qui retient les maris auprès de leurs femmes, puisque c'est ce qui les attire vers nous.

PÉNÉLOPE.

Mais les principes, la vertu ?...

PHRYNÉ.

Il n'est pas défendu d'en avoir, mais si les principes sont ennuyeux et la vertu grincheuse, n'en faut plus... On peut être aimable, gaie, rieuse, sans cesser d'être sage... (Je ne dis pas cela pour moi.) Ah ! si les femmes honnêtes savaient le tort qu'elles nous feraient en riant, chantant, dansant comme nous... Vous dansez ?..

PÉNÉLOPE.

Dame... oui...

PHRYNÉ.

Mais comment dansez-vous?

PENÉLOPE.

La danse qu'on m'a apprise en pension.

PHRYNÉ.

Moi aussi, je danse ce que j'ai appris en pension... (A part.) une pension bourgeoise.. quarante sous par tête... vin à part.

Air final du 4e acte de *Matapa*. (M. DE BILLEMONT.)

Voilà!

PÉNÉLOPE.

Voilà!

PHRYNÉ, se plaçant.

Comme cela!
Voilà
Ma première pose!
Voilà!

PÉNÉLOPE, se plaçant de même.

Voilà!

PHRYNÉ.

C'est ça!

PÉNÉLOPE.

C'est ça?

PHRYNÉ.

C'est peu de chose,
Mais on n'en reste pas là.
On se dégourdit
Petit à petit,
Mais on commence en
Se balançant.

ENSEMBLE, balançant toutes deux.

On se dégourdit
Petit à petit,
Mais on commence en
Se balançant.

PHRYNÉ.

Bravement
On s'élance en avant !

PÉNÉLOPE.

Ah ! vraiment !
C'est trop de désinvolture !

PHRYNÉ.

Bien en mesure,
On va sautant,
Oui... maintenant
On danse en gambadant.

ENSEMBLE, dansant toutes deux.

Hélas ! voilà ce qui me plaît ;
Et ce n'est pas notre faute,
Mais à présent plus on saute,
Plus dans un bal on fait d'effet !

PHRYNÉ.

Aux sons assourdissants des pistons, d'la trompette,
On va dansant,
Valsant,
Polkant,
Toujours sautant
Gaîment.
En levant
Une jambe coquette...
Et rien ne fait
Autant d'effet !

PÉNÉLOPE.

Oui, c'est charmant !
Je veux aussi danser en gambadant !

L'ARTISTE, entrant et annonçant.

M. Pénélope, tableau de genre et de mœurs.

La musique continue à l'orchestre, les deux femmes dansent de plus belle.

SCÈNE IV

LES MÊMES, M. PÉNÉLOPE, entrant.

M. PÉNÉLOPE, voyant danser sa femme.

Se peut-il!... ma femme!

Il veut l'arrêter.

MADAME PÉNÉLOPE.

Rangez-vous donc, monsieur!

M. PÉNÉLOPE, de même.

Que signifie, madame?

MADAME PÉNÉLOPE.

Eloignez-vous donc!

M. PÉNÉLOPE.

Comment, elle cherche à m'éloigner!.. elle me renvoie!..

MADAME PÉNÉLOPE et PHRYNÉ, dansant toujours et chantant.

Tra la la la la...

M. PÉNÉLOPE.

Elle danse et elle chante!

MADAME PÉNÉLOPE et PHRYNÉ, même jeu.

Tra la, la, la, la...

M. PÉNÉLOPE.

Et mon honneur, madame!...

MADAME PÉNÉLOPE.

Arrière, les gêneurs!

M. PÉNÉLOPE.

Ah! c'est comme ça!... Eh bien, à nous trois!

L'ARTISTE.

Alors, à nous quatre!

Les deux hommes se mettent à danser. — Phryné et madame Pénélope sortent en dansant toujours, M. Pénélope les suit en dansant aussi. — L'artiste reste seul en scène. — Le théâtre change et représente une place publique.

L'ARTISTE.

Ah! ceci représente une place publique... J'en ai donné le

dessin. — Voilà comme nous comprenons les places publiques au théâtre des Variétés...

Messieurs, nous voilà arrivés à la scène sixième... c'est la mienne, celle que j'ai faite. — Je vous prie de faire attention au style... mais je ne dois pas être en scène au changement. — Je fais mon entrée par la droite... la droite est à ma gauche, parce que notre gauche est à la droite du public. Vous allez voir, ah!... Pendant que je vais m'habiller, pour éviter un petit froid, ce qu'au théâtre nous appelons un loup, je vais vous donner à deviner une énigme de l'année.

Il frappe du pied et sort. — A même instant, montent du dessous, l'une après l'autre, deux pancartes. — On lit sur la première :

« Pourquoi ?
« Pourquoi ? »

et sur la seconde :

« Parce que.
« Parce que. »

puis les pancartes disparaissent et l'acteur rentre en scène complétement métamorphosé, il a passé une longue redingote par-dessus son costume et mis un chapeau tromblon. — Il a des favoris.

SCÈNE V

L'ARTISTE. **Il descend sans rien dire jusqu'au trou du souffleur.**

Je viens ici incognito... je suis un personnage mystérieux... je change à toute heure de visage et de vêtement et je ne suis connu de personne. (**Il se retourne et le public lit dans son dos en très-gros caractères :**

« Monsieur Lecoq.
« Monsieur Lecoq.
« Monsieur Lecoq. »

(**Redescendant et toujours mystérieusement.**) Certain que personne ne peut savoir qui je suis, j'exerce, en amateur, mes petits talents de société... Je fais de la grande et de la petite investigation, uniquement pour mon plaisir, tout à fait par amour de l'art et pour les abonnés du *Petit Journal*.

SCÈNE VI

LECOQ, BEMBORIOT, puis UN SAVANT, puis UN MARCHAND DE FIGURES.

BEMBORIOT.

Sapristi, qu'est-ce qui m'a donc filouté ma tabatière ?

LECOQ.

Vous avez été volé?

BEMBORIOT.

Vraisemblablement; je regardais en l'air le ballon captif où ma femme se trouvait.

LECOQ.

Ah ! madame votre épouse...

BEMBORIOT.

Oui ; elle est très-brave et pendant que je la regardais s'enlever... on m'enlevait ma tabatière...

LECOQ.

La voici !

Il lui donne une tabatière.

BEMBORIOT.

Comment c'était vous, monsieur ?...

LECOQ.

Non, mais j'étais là... je suis partout, et j'ai fait arrêter votre voleur...

BEMBORIOT.

Merci, monsieur. (*Regardant la boîte, et à part.*) Tiens, ça n'est pas la mienne.

UN SAVANT, *entrant et fouillant dans son gilet.*

Ah ! si je connaissais le filou qui me l'a prise.

LECOQ, *se retournant.*

Le filou !...

BEMBORIOT, *mettant la boîte dans sa poche.*

Tant pis !... elle est plus bel'e, je la garde.

LECOQ, *au savant.*

On vous a pincé quelque chose, monsieur ?

LE SAVANT.

Oui, monsieur. (Il se gratte.) Il faut vous dire que je sors du palais de l'Industrie; je voulais voir l'exposition des insectes et je venais de quitter les parasites (Il se gratte.) *pediculus capitis*... pour tomber en admiration devant les météroptères.

Il se gratte.

LECOQ, au public.

Hein, météroptères... comme c'est écrit.

LE SAVANT.

Quand, tout à coup, je sens quelque chose qui me démange.

LECOQ, se grattant.

Tiens, moi aussi.

LE SAVANT.

Je crois d'abord que c'est un hémiptère.

LECOQ, au public.

Un peu de science ne gâte rien.

BEMBORIOT.

Pardon, qu'est-ce que c'est qu'un hémiptère?

LE SAVANT.

L'espèce la plus commune, on la rencontre généralement dans les bois de lit!

Ils se grattent tous les trois. Et ici l'on voit entrer un marchand de plâtres tenant sur sa tête plusieurs statuettes.

LE MARCHAND.

Achetez les petits plâtres, les chefs-d'œuvre de la sculpture!

LECOQ.

Par ici, marchand de figures... mettez-vous là. (Il le fait mettre à côté de lui, Au public.) On ne comprend pas cette entrée, mais vous allez voir.

LE SAVANT.

J'étais donc à étudier les différentes espèces de ces petites bêtes picoteuses... (Il se regrattent tous trois, et le marchand de plâtres, qui est venu se placer à côté d'eux, se gratte aussi.) J'admirais ces prodiges de la nature qui tiennent le milieu entre les infusoires et les mammifères...

Tous les quatre se regrattent et les petits plâtres se grattent aussi.

LECOQ, avec malice, au public.

Hein! comme c'est ingénieux! C'est un truc anglais que j'ai été chercher à Londres.

LE SAVANT.

L'émotion me gagnait...

Il se gratte.

BEMBORIOT.

L'émotion... et la démangeaison.

LE SAVANT.

Oui. . et la démangeaison.... lorsque tout à coup, voulant prendre une prise, je m'aperçois qu'on m'a filouté ma tabatière.

BEMBORIOT, qui est en train de prendre une prise.

Ah! par exemple!...

LE SAVANT, voyant la tabatière.

Mais la voilà! c'est elle!

LECOQ.

Elle?

BEMBORIOT.

Qui?

LE SAVANT, saisissant Bemboriot.

Et je tiens mon voleur!

BEMBORIOT, montrant Lecoq.

Mais pas du tout, c'est monsieur qui me l'a donnée.

LE SAVANT.

Monsieur?

BEMBORIOT.

Et le filou, c'est lui!

LECOQ.

Moi?

BEMBORIOT.

Oui, vous!

LE SAVANT, empoignant Lecoq.

Vite, au poste!

LECOQ

Monsieur!

BEMBORIOT, l'empoignant aussi.

Ah! vous me suivrez!

LECOQ.

Messieurs!...

BEMBORIOT et LE SAVANT. l'entraînant.

Allons, allons, marchez!

LECOQ.

Ah! elle est bonne celle-là!

Au moment de sortir, ils se retournent et reviennent à l'avant-scène. — Alors L'ARTISTE dit tranquillement au public :

Je voulais finir par un incendie... mais ça entraîne bien des embarras... il faut du gaz... nous sommes trois beaux diseurs... j'ai mieux aimé finir à blanc... comme à la Comédie-Française.

Ils sortent tous trois. Le marchand de figures sort avec eux.

SCÈNE VII

LA CHANTEUSE, s'avançant en souriant; au public, qu'elle salue de côté, pendant la ritournelle de l'air suivant.

Demandez la chanteuse à la mode!... la providence des théâtres!... trois cents francs par représentation!... Qui qu'en veut?

Imitation de Thérésa.

AIR : *de Suzon.*

I

Je suis l'Manteau-bleu des auteurs;
Je suis la chanteuse Terr'-Neuve;
Je viens au s'cours des directeurs,
Quand une pièce n'est plus neuve.
J'ai sauvé, chacun sait cela,
Léonard de six pieds de neige,
Et tout de suite, en sortant d'là,
J'ai roucoulé dans *l'Sacrilége!*
C'est trois cents francs,
Mes p'tits enfants!

Qui qu'en demande?
Fait's vot'commande.
Pour trois cents francs,
Prenez mes chants
Si purs, si ronds, si doux, si francs!

II

A mon succès de si bon goût
Si rien jamais ne met d'obstacles,
Bientôt je chanterai partout!
On verra dans tous les spectacles,
Pour favoriser ce trafic
Un peu contraire aux vrais principes,
Des garçons porter au public
Des chopes, des bocks et des pipes!
C'est trois cents francs,
Mes p'tits enfants, etc.

Demandez la chanteuse Terre-Neuve!... trois cents francs!.. qui qu'en veut? (Ici l'on voit accourir un garçon de théâtre, qui remet une lettre à la chanteuse.) Qu'est-ce que c'est que çà?... (Elle ouvre la lettre et dit après l'avoir lue :) Ah! mon Dieu!... c'te pauvre *Princesse rouge!*.. déjà!.. On y va!.. trois cents francs... avant de chanter!

Elle sort en chantant une tyrolienne. Entrent alors quatre marchandes de journaux très-coquettement mises. La foule les suit.

LE GARÇON DE THÉATRE.

Tiens!... les marchandes des nouveaux kiosques!

SCÈNE VIII

QUATRE MARCHANDES DE JOURNAUX, FOULE D'ACHETEURS HOMMES ET FEMMES, puis FRÉDÉRIC.

PREMIÈRE MARCHANDE.

Journal du soir!

DEUXIÈME MARCHANDE.

Journal du matin!

TROISIÈME MARCHANDE.

Journal de l'après-midi!

QUATRIÈME MARCHANDE.

La Cloche!

DEUXIÈME MARCHANDE.

Le Rat de cave!

TROISIÈME MARCHANDE.

L'Éteignoir!

QUATRIÈME MARCHANDE.

La Chandelle!

PREMIÈRE MARCHANDE.

Le Quinquet!

DEUXIÈME MARCHANDE.

Le Lampion!

QUATRIÈME MARCHANDE.

Le Bec de gaz!

PREMIÈRE MARCHANDE

La Veilleuse!

DEUXIÈME MARCHANDE.

Les Mouchettes!

TROISIÈME MARCHANDE,

Le Calino.

QUATRIÈME MARCHANDE.

Les Pieds dans le plat!

PREMIÈRE MARCHANDE.

Le Diable à quatre!

Après avoir acheté des journaux, la foule va et vient. Ils crient tous à la fois.

FRÉDÉRIC, s'approchant de la première marchande.

Tiens, le Diable à quatre!... je vais me le payer. (Il prend une brochure.) Pourquoi ça s'appelle-t-il le Diable à quatre?

PREMIÈRE MARCHANDE.

Parce qu'ils se sont mis cinq pour l'écrire...

FRÉDÉRIC.

C'est comme les trois mousquetaires, qui ont toujours été quatre.

PREMIÈRE MARCHANDE.

Voulez-vous aussi le Petit Journal ?

FRÉDÉRIC, regardant le journal.

Ah! mais ce n'est pas de cette année.

PREMIÈRE MARCHANDE.

Non, monsieur, c'est vrai... mais ce qui est de cette année, ce sont les recettes du baron Bisque ou Brisque... je ne sais pas.

FRÉDÉRIC.

Ah! oui... qui aime la cuisine.

PREMIÈRE MARCHANDE.

Et qui 'onne aux petites fortunes la manière de faire la cuisine.

FRÉDÉRIC.

Ah! c'est bien cela! c'est généreux, c'est philanthropique!

PREMIÈRE MARCHANDE.

Jugez-en. (Elle lit.) « Plat du jour, gibelotte de lapin. »

FRÉDÉRIC.

Oui, c'est un plat populaire.

PREMIÈRE MARCHANDE.

Ecoutez-moi ça : « Vous prenez votre lapin, vous le tuez et vous le faites revenir... »

FRÉDÉRIC.

Ce n'était pas la peine de le tuer, si on le fait revenir.

PREMIÈRE MARCHANDE.

Ecoutez donc! « Vous le faites revenir... à la casserole, » vous y mettez des petits oignons, force champignons, du » vin de Bourgogne, premier choix ; vous le laisser mijoter » pendant douze heures sur un charbon ardent; puis vous » faites griller des croûtes sur des rillettes de Tours, vous y » ajoutez quelques écrevisses de Verdun... et vous servez » chaud entre le saumon hollandaise et la dinde truffée. »

FRÉDÉRIC.

Mais, sacrebleu! ça coute 1,800 francs une gibelotte pareille.

PREMIÈRE MARCHANDE.

C'est pour le pauvre monde, mon bon monsieur.

FRÉDÉRIC.

Je m'en aperçois.

AIR NOUVEAU de M. *Lindheim*.

Mais pourquoi ces mises coquettes?

PREMIERE MARCHANDE.

Monsieur, ces costumes nouveaux
Vous prouvent que sans toilettes,
Sans bijoux et sans oripeaux,
On ne peut vendre de journaux.

FRÉDÉRIC.

En vous voyant aussi friandes
Sous ces atours originaux,
On achèterait les marchandes
Avant d'acheter les journaux!
O divine
Sainte-Périne,
Sois glorifiée à jamais
Pour les miracles que tu fais!

REPRISE ENSEMBLE.

O divine... etc.

Bruit en dehors.

FRÉDÉRIC.

Qu'est-ce que c'est que ça?

SCÈNE IX

LES PRÉCÉDENTS, VERDURETTE. Elle entre traînant une petite voiture dans laquelle se trouvent des pommes et des journaux, et une grande inscription sur laquelle on lit: « *Pommes et journaux à 1 sou le tas,* » puis sur une autre: « *Ici on reçoit la monnaie qui ne passe plus,* » puis UN CONDUCTEUR D'OMNIBUS, BEMBORIOT, et ensuite LE SAVANT.

VERDURETTE.

AIR NOUVEAU de M. *Diache*.

Pour la plus modique des sommes,
J'instruis et je nourris les hommes;

Je vends des journaux et des pommes!
Approchez! n'vous gênez pas,
Tout c'la se vend un sou l'tas. (*bis*)
Vraiment on n'le croirait pas!
Approchez bonn's et soldats..
Un sou l'tas,
Lecture et r'pas!
On n'dira pas
Qu'ça n'les vaut pas!

TOUS.

Un sou l'tas,
Lecture et r'pas, etc., etc.

BEMBORIOT, entrant avec un conducteur d'omnibus.

Ça ne se passera pas comme ça!

LE CONDUCTEUR.

Non, monsieur, et vous allez me suivre chez le commissaire...

BEMBORIOT.

Tout de suite.

VERDURETTE.

Mais quoi que c'est donc?

LE CONDUCTEUR.

V'là la chose: je suis conducteur d'omnibus, et, tous les jours, monsieur, qui voyage sur ma ligne, me donne une pièce qui n'a plus cours.

BEMBORIOT.

Elle a cours dans les omnibus.

LE CONDUCTEUR.

C'est vrai, nous sommes obligés de les recevoir et je les reçois; mais, aujourd'hui, monsieur me donne une bonne pièce.

BEMBORIOT.

Une bonne pièce de dix francs, et monsieur m'en rend cinq mauvaises.

LE CONDUCTEUR.

Que monsieur ne veut pas recevoir.

BEMBORIOT.

Certainement non.

LE CONDUCTEUR.

Quand ce sont les siennes que je lui rends.

BEMBORIOT.

Vous devez recevoir les miennes, mais je ne suis pas forcé de recevoir celles que vous avez reçues.

LE CONDUCTEUR.

Puisque j'ai reçu celles que vous m'avez données et que je vous rends celles que j'ai reçues, vous devez recevoir celles que je vous donne.

LA FOULE.

Oui, oui !

BEMBORIOT.

C'est ce que nous allons voir.

VERDURETTE.

Un instant, un instant !... à quoi bon déranger l'autorité pour ça ?... les mauvaises pièces, je les reçois, moi.

BEMBORIOT.

Vous les recevez ?

VERDURETTE.

Voyez plutôt.

Elle montre l'inscription.

BEMBORIOT.

Tiens ! c'est ma foi vrai ; en ce cas, conducteur, vous pouvez rejoindre votre omnibus ; je vais m'arranger avec madame...

LE CONDUCTEUR, *sortant.*

Heureusement que j'étais à la station ; sans ça...

BEMBORIOT.

C'est bon, c'est bon ! Voyons, la petite mère, qu'est-ce que vous vendez ?

VERDURETTE.

Voyez, monsieur, des pommes et des journaux.

BEMBORIOT.

Quelle drôle de marchandise !

VERDURETTE.

Et le tout à un sou le tas!

BEMBORIOT.

Comment, même les journaux?

VERDURETTE.

Même les journaux!

AIR NOUVEAU de M. *Diache.*

Vous, monsieur, qu'èt's un homme d'âge,
Vous d'vez vous rapp'ler qu'dans Paris,
Jadis, faisant plus de tapage,
Les marchands avaient plusieurs cris.
On app'lait ça les cris d'Paris.
C'était partout une cohue
De gens criant à qui mieux mieux!...
Et ceux-là, qui vendaient des œufs,
Autrefois beuglaient dans la rue:
A trois d'six blancs (*Bis.*)
Les roug's et les blancs! (*Bis.*)

LE CHŒUR.

A trois d'six blancs (*Bis.*)
Les roug's et les blancs! (*Bis.*)

VERDURETTE.

Chez nous depuis qu'un'loi nouvelle
Fait naître tant d'écrivailleurs,
Les journaux s'vend'nt par ribambelle...
On en fait de tout's les grandeurs,
De tous prix et de tout's couleurs.
Chacun d'eux a son p'tit système;
L'un vant' les p'tits, l'autr' flatt' les grands;
Et pour faire leurs abonn'ments,
Ça s'rait bien le cas de crier d'même:
A trois d'six blancs (*Bis.*)
Les roug's et les blancs (*Bis.*)

LE CHŒUR.

A trois d'six blancs (*Bis.*)
Les roug's et les blancs! (*Bis.*)

BEMBORIOT.

C'est vrai... et vous vendez tout ça?...

VERDURETTE.

A un sou le tas: pommes et littérature!

PREMIÈRE MARCHANDE.

Eh bien, et nous, qu'est-ce que nous ferons?

VERDURETTE.

Qué qu'ça m'fait?... vous vendrez des fleurs.

BEMBORIOT.

Eh bien, voilà dix sous et je vous achète un tas de pommes... c'est neuf sous que vous avez à me rendre.—Voilà dix autres sous et je vous achète un tas de journaux... c'est encore neuf sous que vous avez à me rendre... rendez-moi dix-huit sous.

VERDURETTE.

Comment, vous voulez que je vous rende dix-huit bons sous pour deux mauvaises pièces ?

BEMBORIOT.

Mais puisque vous les recevez...

VERDURETTE.

Certainement que je les reçois... mais je ne rends rien... vous êtes donc un filou ?

BEMBORIOT.

Comment? je suis?

LA FOULE.

Oui, oui, c'est un filou!

BEMBORIOT, s'en allant avec ses pommes et ses journaux.

Ah! elle est bonne!... elle est bien bonne!

Bruit en dehors.

TOUS, riant.

Ah! ah! ah! ah!

VERDURETTE, remontant.

Tiens!... Ah! regardez donc là-bas... deux marins!... Est-ce que la mer est arrivée à Paris?

LE SAVANT, qui vient de rentrer.

Non, pas encore. — Les deux marins que voilà font partie de l'expédition du capitaine Lambert.

VERDURETTE.

Le capitaine Lambert... qué qu'c'est qu'ça ?

Sur ces derniers mots entrent Paul et André.

SCÈNE X

LES MÊMES, PAUL et ANDRÉ.

ANDRÉ.

Vous ne connaissez pas le capitaine Lambert?

PAUL.

Toute la France le connaît. C'est un brave et un savant.

ANDRÉ.

Il agit comme il parle.... et il parle bien.

LE SAVANT.

Et vous partez avec lui?

PAUL.

Dans deux mois...

VERDURETTE.

Pour l'Afrique?

PAUL.

Plus loin que ça.

LE SAVANT.

Pour l'Amérique.

PAUL.

Plus loin que ça...

VERDURETTE.

Pour les Indes?

ANDRÉ.

Encore plus loin que ça.

LE SAVANT.

Mazette!... Pour la Nouvelle-Zélande, alors?

PAUL.

Allez toujours.

VERDURETTE.

Comment que j'aille?... Et où donc voulez-vous me faire aller?

ANDRÉ.

Où nous allons nous-mêmes.

PAUL.

Au bout du monde.

ANDRÉ.

Au pôle Nord.

TOUS.

Au pôle Nord.

VERDURETTE.

Qu'est-ce que c'est donc que ça, le pôle Nord?

ANDRÉ.

Voilà c'que c'est :

AIR NOUVEAU de M. *Hervé.*

Le pôle, c'est le bout du monde,
Que personne encore n'a pu voir,
Est-ce un sol, une mer profonde?
Personne ne peut le savoir.

PAUL.

Oui, c'est en vain que l'homme avec audace,
Au pôle Nord voulut porter ses pas.

ANDRÉ.

Là mille écueils, des montagnes de glace,
Lui disent : Non, tu ne passeras pas.

PAUL.

Faut-il pour de folles conquêtes,
Braver d'invincibles climats!
Est-ce de l'or, est-ce des fêtes?
Que nous allons chercher là-bas?

ANDRÉ.

Non, car là-bas s'éteint toute pensée...
Nous ne pouvons y trouver qu'un désert,
Un sol aride, une terre glacée
Et les horreurs d'un éternel hiver.
Mais l'Allemagne et l'Angleterre,
Là-bas se donnant rendez-vous,
Jusques aux confins de la terre,
Veulent arriver avant nous.

PAUL.

Donc! c'est la lutte! il faut nous mettre en route,
Pour disputer cette gloire... et cela,
C'est une guerre!

ANDRÉ.

Une guerre, sans doute...
Mais je comprends, j'aime ces guerres-là,
Oui, c'est dans ces combats sublimes,
Que l'homme encore grandira!
Et du moins, s'ils font des victimes,
La science en profitera!

PAUL.

Élançons-nous vers ce lointain rivage,
Où le progrès va semer sa moisson.

ANDRÉ.

Et dussions-nous n'y trouver qu'une plage,
Un sol aride, un rocher, un glaçon,
Portons-y l'antique vaillance,
D'un peuple savant et guerrier,
Et que le drapeau de la France,
Y flotte le premier.

VERDURETTE.

Mazette! ça m'a émotionnée, moi!

LE SAVANT.

Mais ne disait-on pas que la souscription faite par le capitaine Lambert n'avait pas été couverte?

PAUL.

Hélas! non.

ANDRÉ.

Mais elle le sera!

VERDURETTE.

Si elle le sera!... Beu sûr qu'elle le sera!... et pas plus tard que tout de suite, je va souscrire, moi! (Fouillant à sa poche) Ah! non, ça, c'est des pièces fausses... mais j'en trouverai d'autres et...

LE SAVANT.

Oui, oui!... et toute la France avec vous!.. Ah! dame,

les grandes entreprises coûtent cher! mais c'est de l'argent bien placé! (Aux marins) Et vous, jeunes gens, comment vous trouvez-vous de l'expédition?

ANDRÉ.

Nous avons entendu parler le capitaine Lambert...

PAUL.

Le lendemain nous étions chez lui...

ANDRÉ.

Et nous lui disions :

AIR :

Monsieur, daignez nous pardonner,
Nous n'avons rien à vous donner.

CHŒUR.

Monsieur, daignez nous pardonner, etc.

ANDRÉ.

Mais nous avons force et courage,
Et notre existence est à nous,
Capitaine, la voulez-vous?

CHŒUR.

Capitaine, la voulez-vous?

ANDRÉ.

Gais matelots, nous sommes prêts,
En haut, larguons les perroquets.

CHŒUR.

Gais matelots, nous sommes prêts, etc.

ANDRÉ.

Ne redoutons aucun naufrage...
Et s'il nous faut vous dire adieu,
Qu'importe!... à la grâce de Dieu!

REPRISE EN CHŒUR.

Ne redoutons aucun naufrage...

Sur la reprise de ces vers, les deux matelots sortent ; tout le monde les suit.

SCÈNE XI

LECOQ, entrant comme la première fois.

Je reviens d'une mission secrète. Il s'agit de me renseigner sur le drame de la rue de la Paix... comme la rue de la Paix n'est pas bien grande depuis qu'on l'a raccourcie, ça me sera facile..., et pour éviter le retentissement que mon nom de Lecoq eut, je viens d'en prendre un autre... mais personne ne le connaît, personne, personne!...

Il remonte mystérieusement et le public lit trois fois dans son dos.

Vibert.
Vibert.
Vibert.

(Revenant et au public.) Voilà comment, sans cesser d'être le même personnage, on peut servir à plusieurs drames.

SCÈNE XII

LECOQ, JEAN GUILLOU.

GUILLOU, entrant.

Jarnigottai!... jarnicoton de jarnambille!

LECOQ.

Un homme déguisé en paysan... c'est peut-être l'assassin de la rue de la Paix.

GUILLOU.

En v'là une d'histoire! Oh! si je ne me retenions...

LECOQ.

Monsieur, je vous arrête.

GUILLOU.

Qué qu'c'est donc?... m'arrêter, moi!

LECOQ.

Vous êtes Albert Savari.

GUILLOU.

Plaît-il?

LECOQ.

Vous venez de la rue de la Paix. — Que faisiez-vous dans la nuit du treize août, à deux heures trente-cinq.

GUILLOU.

Et vous, monsieur ?

LECOQ.

Est-il bête !... Enfin, d'où venez-vous ?

GUILLOU.

J'arrivions de Nanterre.

LECOQ.

De Nanterre ?... Si vous avez l'intention de me chanter les pompiers, je vous préviens que je suis armé !

GUILLOU.

Je n'ai pas plus l'envie de vous les chanter que vous de les entendre ! — Ah ! mossieu, si jamais vous vous mariez, n'épousez jamais une rosière.

LECOQ.

Pourquoi ?

GUILLOU.

Figurez-vous que mon épouse, qu'avait obtenu la rose ily a trois ans, vient d'entrer dans la mobile.

LECOQ.

Dans la mobile !

GUILLOU.

Si ce n'était que ça ?

LECOQ.

Qu'est-ce que c'est donc ? (Ritournelle de l'air suivant.)

GUILLOU.

Ce que c'est, monsieur ?... v'là ce que c'est.

SCÈNE XIII

Les Mêmes, ROSE, JULIE, BERTHE, MARIE, ESTELLE, HORTENSE, et tout un régiment de femmes en gardes mobiles.

CHŒUR DES FEMMES.

Air des *Horreurs de la guerre.* (M. Coste.)

Nous avons un fusil
Se chargeant par la culasse ;
Au dehors c'est gentil,
Mais au dedans ça s'encrasse.
Malgré ça,
L'avanta-
ge consiste dans ce point :
Nos petits
Ennemis
N'en ont point.
Dieu ! fais qu'ils reviennent vainqueurs
Et rapportent de leurs conquêtes
Des parures pour nos toilettes...
Sans oublier leurs cœurs!

LECOQ.

Certes, c'est bien meilleur que la vieille escopette.

TOUTES.

Certes, c'est bien meilleur que la vieille escopette

LECOQ.

C'est aussi préférable au fusil à lorgnette.

TOUTES.

C'est aussi préférable au fusil à lorgnette.

LECOQ.

Mais la paix est bien plus chouette!

REPRISE DU CHŒUR

Nous avons un fusil
Se chargeant par la culasse, etc.

GUILLOU, à Rose.

Eh ! quoi, mame Guillou, vous ne rougissez pas?

ROSE.

Silence !

JULIE.

Oh ! oui, à la porte, les maris !

GUILLOU.

Madame, la femme doit obéissance...

TOUTES.

Ah ! par exemple!

MARIE.

Nous avons changé ça.

ESTELLE.

Nous sommes en train de retaper le code.

HORTENSE.

On y lira désormais : « La femme doit aide et protection à sôn mari...»

ROSE.

« Et le mari doit suivre sa femme nulle part. »

GUILLOU.

Et depuis quand ces prétentions ?

ROSE.

Depuis que nous suivons les cours libres...

MARIE.

Depuis qu'on nous a donné le droit de réunion...

JULIE.

Depuis que nous parlons au Vaux hall...

BERTHE.

A la Redoute !

ESTELLE.

Depuis que nous défendons nos prérogatives...

HORTENSE.

Et que nous pouvons être tout ce que vous étiez.

LECOQ.

C'est un triste avantage, mesdames.

ROSE.

A bas le règne du sexe mâle !

ESTELLE.

La tyrannie du plus méchant!

HORTENSE.

La suprématie du plus bête!

ROSE.

Fortes de nos aspirations, nous voulons être banquières!

BERTHE.

Architectes!

JULIE.

Chirurgiennes!

MARIE.

Fortes de la halle!

ESTELLE.

Saint-Cyriennes!

HORTENSE.

Sergentes de ville!

LECOQ, riant.

Garçonnes de bains!

ROSE.

Et lutteuses!

LECOQ.

Lutteuses?... les femmes lutter!

ROSE.

Cela vous étonne; mais, cette année déjà, cela s'est vu dans la ville de Corneille... à Rouen, les femmes se sont tombées.

LECOQ.

Les femmes se sont tombées à Rouen?

ROSE.

Eh! tenez, justement, voilà deux de nos plus intrépides lutteuses.

SCÈNE XIV

LES MÊMES, DEUX LUTTEUSES.

PREMIÈRE LUTTEUSE, saluant.

La forteresse du Danube!

DEUXIÈME LUTTEUSE, saluant.

La muraille de Carcassonne !

Elles prennent des poses.

LECOQ.

Elles ont le biceps jovial et le mollet gai.

ROSE.

Quand ces dames voudront...

TOUTES.

Une! deux! trois!

Musique. — Les deux lutteuses se mesurent de l'œil et s'approchent l'une de l'autre.

PREMIÈRE LUTTEUSE.

Ah ! un instant!... Êtes-vous bien une dame ?

DEUXIÈME LUTTEUSE.

Mais sans doute... pourquoi cette demande ?

PREMIÈRE LUTTEUSE.

C'est qu'à la dernière lutte, j'ai été refaite.

TOUTES.

Refaite!

PREMIÈRE LUTTEUSE.

Je veux dire que mon adversaire, après m'avoir pris le bras... la taille... bref, je me suis aperçue que c'était un homme.

TOUTES.

Ah!

PREMIÈRE LUTTEUSE.

Aussi, ça n'a pas été long, allez... je l'ai tombé tout de suite...

GUILLOU.

Vous avez dit : Allez vous asseoir!

LECOQ.

Et les épaules ont-elles touché ?

PREMIÈRE LUTTEUSE.

En plein!

LECOQ.

Allons!... il y a encore de beaux jours pour la France !

DEUXIÈME LUTTEUSE.

Rassurez-vous, je suis du sexe de madame Thierret.

PREMIÈRE LUTTEUSE.

Allons, commençons.

Commencement de lutte.

DEUXIÈME LUTTEUSE, bas à la première.

Dites donc, ma petite, si ça vous est égal, ne touchez pas à mon chignon... il dégringolerait.

PREMIÈRE LUTTEUSE.

C'est convenu...

Lutte silencieuse.

DEUXIÈME LUTTEUSE, dans un moment de calme, à mi-voix.

Vous seriez bien gentille de vous laisser tomber.

PREMIÈRE LUTTEUSE.

Pas possible ! et pourquoi ça, chère madame ?

DEUXIÈME LUTTEUSE.

C'est que si je vous tombe...

PREMIÈRE LUTTEUSE.

Si vous me tombez ?

DEUXIÈME LUTTEUSE.

Le petit Saint-Estève m'a promis des boucles d'oreilles en diamants.

PREMIÈRE LUTTEUSE.

Alfred de Saint-Estève... vous le connaissez ?

DEUXIÈME LUTTEUSE.

Un peu.

PREMIÈRE LUTTEUSE, prenant une attitude menaçante.

Ah ! tu le connais ?... alors, en garde !

DEUXIÈME LUTTEUSE.

Pour de bon ?

PREMIÈRE LUTTEUSE.

Oui, et y aura des bleus.

LECOQ.

Lutte à outrance !

Lutte. — A un moment décisif, on entend un cri d'enfant.

PREMIÈRE LUTTEUSE.

Ah! mon bébé qui crie... bonjour! moa enfant! mon enfant!...

Elle se sauve.

TOUTES.

Son enfant!

LECOQ.

Son enfant! c'est madame Laurent!

DEUXIÈME LUTTEUSE.

A moi la victoire!

Elle sort.

TOUTES.

Bravo! bravo!

ROSE.

Au diable les enfants! vous le voyez, toujours la faute des hommes!

BERTHE.

Ils ne savent faire que des bêtises!

TOUTES.

A bas les hommes!

CHŒUR DES FEMMES.

AIR NOUVEAU de M. *Lindheim*.

I

Oui, nous venons de commencer la lutte,
Et notre jour est peut-être arrivé!

BERTHE.

D'un sexe faible et que l'on persécute
De toutes parts l'étendard est levé!

MARIE.

Tremblez, tyrans, le bon droit est le nôtre!

ESTELLE.

Et nous verrons des sexes révoltés
Lequel des deux a plus besoin de l'autre!

JULIE.

A nous bientôt toutes les libertés!

TOUTES.

En guerre ! (*Ter.*)
Bientôt, enfin, le sort décidera,
Et l'heureux temps viendra,
Où la femme pourra
Commander sur la terre !

HORTENSE.

II

Nous n'avons pas votre cœur insensible.

BERTHE.

Nous n'avons pas votre esprit tracassier.

JULIE.

Nous n'avons pas votre barbe terrible.

ESTELLE.

Nous n'avons pas tous vos muscles d'acier.

MARIE.

Mais nous avons, ce qui vous déconcerte,
L'esprit, la ruse et mille et mille appas !

ROSE.

Nous n'avons pas ce que vous avez, certe!...
Mais nous avons ce que vous n'avez pas.

REPRISE DU CHŒUR.

En guerre !
Etc.

LECOQ, les regardant et avec enthousiasme.

Ça donnerait envie de s'engager... aux Variétés.

CHILPÉRIC, en dehors.

Au secours! au secours!

TOUTES, remontant.

Qu'est-ce que c'est que ça ?

LECOQ.

Ah ! je le reconnais, c'est le roi Chilpéric sur son dada !

TOUTES, chantant sur l'air *Des Lampions*.

Il tomb'ra!... n'tomb'ra pas !

CHILPÉRIC, en dehors, jetant un cri.

Ah !

LECOQ.

Il est tombé !

Chilpéric arrive alors, tout en trébuchant, jusqu'au milieu de la scène. La foule le suit.

SCÈNE XV

LECOQ, CHILPÉRIC, ROSE, JULIE, BERTHE, MARIE, ESTELLE, HORTENSE, LES GARDES MOBILES, la foule, puis FRÉDÉGONDE.

CHILPÉRIC. (Imitation d'Hervé.)

Eh bien, oui, je suis tombé !

Musique d'Hervé dans *Chilpéric.*

La princesse sans doute... allons la recevoir,
Sans lui dire qu'ici je me suis laissé choir.
Avec pompe à l'instant faisons sonner ma trompe,
Trompettons pour tromper la belle que je trompe !
(Parlé.) Allez !

FRÉDÉGONDE, entrant. (Imitation de Blanche d'Antigny.)

La nuit quand tout sommeille,
Oui, je suis une merveille
Qui n'a pas sa pareille;
Tant j'ai d'attraits
Et de succès !
Du bourgeois qui me guette
Je fais tourner la tête...
Et pour moi c'est un jeu,
Tant mes diamants ont de feu,
Et tant cela me coûte peu !
C'est de bon goût;
J'en ai beaucoup,
Et l'on me voit en mettre un peu partout !
Enfin, tous ces
Bijoux coquets
Doublent encor l'éclat de mes attraits !

Voilà comment,
Adroitement,
Vers le succès on marche carrément!
Mon air loustic
Plait au public
Et donne un chic
A monsieur Chilpéric!

CHILPÉRIC, *la pressant dans ses bras.*

Tu parles bien, ô ma sirène!
Et cela me fait souvenir
Que, sans toi, j'aurais eu grand'peine,
Oui, grand'peine à me soutenir.
Sans prendre souci de ma gloire,
On eût voulu me corriger,
Pour avoir arrangé l'histoire,
Comme je viens (*bis*) de l'ar .. (*ter*) de l'arranger!
(*Parlé.*) Mais pas de vaines paroles, madame! (*Reprenant le chant.*)
Mais c'est trop discourir!
Il faut en finir!
Et tous les deux nous agonir!
C'est la scène
Qui nous mène
Au doux cancan
Qu'on aime tant!
Va-t-en, Frédégonde,
Et vagabonde
Partout où tu voudras!
Je te quitte,
Ma petite,
Ne pleure pas!

FRÉDÉGONDE.

Audacieuse fille,
Sans regret,
Oui, je me déshabille
Tout à fait;
Je te jette
Ma houlette

De carton,
Et puis je te jette
Ma peau de mouton.
Mais je vais, peine extrême,
M'arrêter,
Car je n'ai plus rien même
A te jeter ;
Je suis tout à fait comme un petit saint Jean !
C'est un costume intelligent,
Et c'est au théâtre, en s'en arrangeant,
Qu'l'on peut faire beaucoup d'argent !

ENSEMBLE.

Mais c'est trop discourir !
Il faut en finir,
Et tous les deux nous agonir !

(Dansant.)

C'est la scène
Qui nous mène
Au doux cancan
Qu'on aime tant !
Nous devons, pour plaire,
Sauter en colère
Et nous fâcher en dansant !

CHILPÉRIC.	FRÉDÉGONDE.
Je te quitte,	Il me quitte,
Ma petite,	L'hypocrite,
En gambadant !	En gambadant !

Ils sortent en dansant. — A ce moment, on entend le rugissement d'un lion dans la coulisse. — Théodoros entre tout effaré.

SCÈNE XVI

LES MÊMES, moins CHILPÉRIC et FRÉDÉGONDE, THÉODOROS, puis UN GARÇON DE THÉATRE, puis ROBERT (de *Séraphine*), puis un VÉLOCIPÉDISTE.

THÉODOROS. (Imitation de Beauvalet.)

Fuis, spectre épouvantable,
Porte au fond des tombeaux ton aspect redoutable !

Arrière ces serpents !... nom d'un petit bonhomme !... arrière ces monstres des forêts !... Je ne veux pas jouer la comédie avec des lions !... Il ne m'arrive que des choses désagréables!... Quand on pense que j'ai demandé en mariage la reine de Tulipatan, et qu'on m'a envoyé à l'ours... c'est-à-dire aux lions... au Châtelet !... Nom d'un jaguar !... je n'ai peur de rien, moi, mais je ne veux pas de lions !... Je suis brave, moi... mais je ne veux pas tirer le canon !. . Je suis courageux, moi.., mais je ne veux pas de couleuvres !... C'est bon pour le ballet, les couleuvres !... (Bruit de cloche en dehors.) Ah ! c'est mon entrée du cinquième acte au Châtelet... La prise de Magdala... à cheval, bons nègres !... moi, j'irai à pied... j'ai peur du cheval... (Il va pour sortir par où il est entré et recule, en entendant un nouveau rugissement de lion.) Ah ! elle est mauvaise !... O Corneille ! ô Racine !... pardon !...

Il sort du côté opposé. — Un garçon de théâtre remet à Lecoq une carte de visite.

LECOQ, regardant la carte.

« Monsieur Robert, du théâtre du Gymnase. » — Qu'il entre !

ROBERT, entrant. (Imitation de P. Berton.)

Je suis *Robert*, l'amoureux du Gymnase... O ma mère !... je joue dans *Séraphine*, dans les ombres chinoises de *Séraphine*... O mon cœur !... (A Lecoq.) N'est-ce pas, monsieur, qu'une jeune demoiselle qui met une lettre à la poste, n'est pas une honnête demoiselle ?...

LECOQ.

A moins qu'elle n'en soit aux écrevisses bordelaises...

ROBERT.

Quand elles en sont là, je ne les reçois plus. — N'est-ce pas qu'on a le droit de lui déclarer son amour, de s'introduire dans son intérieur et de la tutoyer ? — Quand on a l'amour au cœur, on n'a pas le sens commun. — Ce qui me rend heureux, c'est qu'au dénouement tout le monde s'embrasse. — Dieu ! s'embrasse-t-on dans cette pièce-là !... c'est un beurre... Ça me va, parce que toutes les demoiselles sont jolies !... Elles sont jolies, les demoiselles !... toutes !... toutes !... Et maintenant, je retourne à mes ombres chinoises. — Entrez, messieurs, mesdames, venez voir les ombres chinoises de *Séraphine, le Mari à la campagne, les Canards l'ont bien passé, Lady Tartuffe !* — Entrez, messieurs, mesdames, c'est l'heure, c'est le moment !...

Il sort. — Musique à l'orchestre.

LECOQ, annonçant.

Le théâtre des *Menus-Plaisirs* ! Littérature ! Gymnastique !

Entre un petit jockey monté sur un vélocipède. — Il fait faire à son vélocipède plusieurs évolutions et finit par sortir, en se tenant debout dessus.

SCÈNE DES FRÈRES LIONNET.

Imitation des principaux acteurs de Paris : Samson et Régnier, dans *Mademoiselle de la Seiglière ;* — Paulin Ménier et Surville, dans *le Courrier de Lyon ;* — Lesueur et Ferville, dans *les Ganaches ;* — Léonce, dans *Fleur-de-Thé ;* — Laurent, dans *la Dame de Monsoreau ;* — Bressant ; — Gil-Pérès, etc.

LECOQ, prenant le milieu.

Maintenant, tout le monde au théâtre.

Entrée de tous les personnages du tableau.

SCÈNE DERNIÈRE

TOUS LES PERSONNAGES DU TABLEAU.

Couplet final.

LECOQ.

Air : *C'est la première du printemps.* (SUZANNE LAGIER.)

Bien que ce soit un peu banal,
Comme jamais on ne s'en lasse,
Allons, messieurs, que l'on se place
Pour le vaudeville final !

ROBERT. (Voix de Pierre Berton.)

Pour le Gymnase je demande
Un succès flatteur et complet.

THÉODOROS. (Voix de Beauvalet.)

Aux spectateurs je recommande
Le théâtre du Châtelet.

CHILPÉRIC. (Voix d'Hervé.)

Moi, j'implore plus que jamais
Un grand succès pour les Folies.

FRÉDÉGONDE. (Voix de Blanche d'Antigny.)

Une reine des plus jolies
Vient se joindre aux vœux que tu fais.

HIPPOLYTE LIONNET. (Voix de Gil-Pérès.)

Au Palais-Royal, pour me plaire,
Messieurs, courez plus que jamais !

ANATOLE LIONNET. (Voix de Samson.)

Non... ce sera plus littéraire,
Courez au Théâtre-Français.

LECOQ.

Franchement vous m'asticotez !...
Ce langage, c'est trop d'audace !
Ah ! messieurs, ne courez, de grâce,
Qu'au théâtre des Variétés.

Et d'une façon triomphale
Pour mettre fin à ce conflit,
Vite, une flamme de Bengale !
Ça brille plus que notre esprit.

CHŒUR.

Oui, pour terminer ce conflit
D'une manière triomphale,
Vite une flamme de Bengale !
Ca brille plus que notre esprit.

FIN

www.ingramcontent.com/pod-product-compliance
Ingram Content Group UK Ltd.
Pitfield, Milton Keynes, MK11 3LW, UK
UKHW021515260726
13993UKWH00004B/1682

9 782329 321820